NOTICE

ANTOINE-FRÉDÉRIC OZANAM.

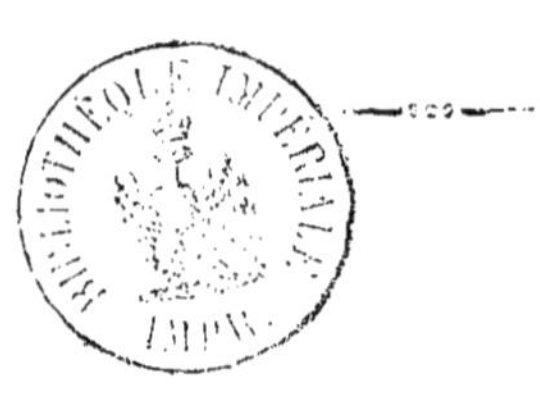

Extrait du *Journal des Bons Exemples*. 2ᵉ année.

NOTICE

SUR

A.-FRÉDÉRIC OZANAM

PAR F.-Z. COLLOMBET.

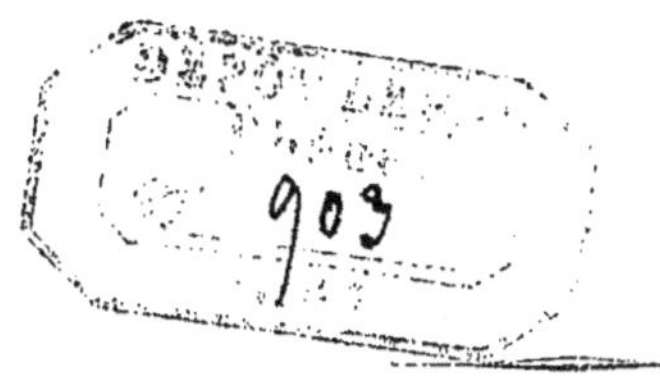

Vita brevis, longos nobis nec ducta per annos,
Compensat modicos relligione dies.

JEAN DE PINS, év. de Rieux.

LYON,

IMPRIMERIE DE GIRARD ET JOSSERAND,

Rue Saint-Dominique, 13.

—

1853

NOTICE

SUR

ANTOINE-FRÉDÉRIC OZANAM.

Ce n'est malheureusement pas vers la défense du catholicisme, vers l'amour de ses doctrines et de son histoire que se portent la plupart des lettrés et des savants d'aujourd'hui. Ils ont d'autres intérêts, et c'est beaucoup lorsqu'ils ne se montrent pas ennemis de l'Église. Dieu a ses desseins pour permettre qu'il en soit ainsi; *il choisit les éléments faibles du monde afin de confondre les éléments forts*, comme parle saint Paul. De nos jours, ceux même que le catholicisme avait cru d'abord compter dans ses rangs se sont jetés dans le camp ennemi, et sont plus ou moins devenus nos adversaires. Lamartine, dont les premières poésies semblaient écloses sous le souffle de l'inspiration chrétienne, s'est oublié jusqu'à nier la révélation et à compter sur un christianisme progressif, qui n'a pas achevé son symbole et qui s'accommodera aux développements successifs de la raison humaine, qui est elle-même une révélation permanente. Il y a longtemps que Victor Hugo s'est jeté vers celle des deux muses qui lui semblait jadis devoir être détrônée par sa rivale, et le voilà descendu aux infimes degrés du socialisme, demandant ses inspirations à la colère et à la haine du catholicisme. Que dire de ce prêtre dont l'ardente éloquence remuait autrefois les cœurs, sinon ce qu'un Père disait avec douleur de Tertullien, qu'*il n'est plus de l'Église?*

Jésus-Christ, qui n'a employé que douze apôtres à la conquête du monde, veut sans doute prouver à l'orgueil des âges modernes qu'il n'a pas besoin d'une vaine science et qu'il saura bien régner sur les cœurs par des moyens plus simples, mais plus puissants.

Ce n'est pas à dire que la science fasse tout à fait défaut parmi la foule de ceux qui croient. Non : s'il y a de tristes et regrettables défections, il y a aussi des conquêtes, et c'est du sein des préjugés protestants qu'elles sont surtout venues dans ces dernières années, tantôt par des abjurations généreuses, tantôt par d'éclatantes réhabilitations historiques. Au milieu du catholicisme, il s'est produit des noms que nous pouvons citer avec un légitime orgueil; mais encore, ces guides et ces conseillers aimés, le Seigneur nous les a-t-il souvent retirés avant le temps. Ainsi le pieux et éloquent abbé Balmès, ainsi Donoso Cortès, nobles enfants de l'Espagne, ainsi Frédéric Ozanam, pour nous borner à des disparitions récentes.

Il nous reste à prononcer le mot de résignation de Job frappé de la main de Dieu et privé de tous ses appuis.

Frédéric Ozanam, dont je viens de rappeler le nom à côté de deux illustres défunts, est bien digne aussi de tous nos regrets, et appartenait à cette phalange d'élite qui console la religion de tant de lâches attaques, de tant de honteuses désertions. S'il n'y avait à louer en lui que le lettré, nous n'aurions guère envie de nous en occuper ici; mais ce savant et laborieux écrivain était de plus un catholique fervent, passionné pour la religion, pratiquant le bien de toutes ses forces, et c'est un devoir de glorifier ce généreux chrétien, qui ne cessa pas un instant de mettre sa conduite d'accord avec ses principes, d'étendre sa charité avec sa science.

Antoine-Frédéric Ozanam était le second des trois fils d'un honorable médecin, arrière-petit-neveu du mathématicien Jacques Ozanam. Nous lisons dans la *Biographie des Hommes illustres du département de l'Ain*, par Mgr Depery, que la famille était d'origine israélite. Le nom lui-même, qui est étranger, nous semble un motif de plus de croire à cette assertion. Le père de Frédéric naquit en 1773 à Bouligneux, canton de Chalamont (Ain), et mourut à Lyon, le 12 mai 1837, des suites d'une chute qu'il fit dans l'escalier d'une cave, en allant voir un malade. C'était un soldat de Millesimo, de Lodi, de Castiglione, d'Arcole et de Rivoli ; il quitta les armes en 1798, lorsqu'on lui offrait le grade de capitaine en récompense de ses services et de ses blessures. Il exerça quelques années le négoce à Lyon, alla ensuite chercher en Italie une paisible et laborieuse retraite, et se fixa à Milan au commencement de 1809. Après s'être fait recevoir docteur à l'université de Pavie, il se livra avec courage à la pratique de la médecine. L'émigration de la plupart des Français à la suite de l'occupation de la Lombardie par les Autrichiens, et aussi le désir de revoir son pays, le ramenèrent en 1816 à Lyon, où il resta jusqu'à la fin de sa vie, exerçant son art avec dignité (1).

Ce fut à Milan que naquit Frédéric, le 25 avril 1813 ; on verra que, dans ses écrits, il se souvint toujours avec amour du beau pays où il était venu à la vie, et qu'une sorte d'affectueux instinct le reportait vers son poétique berceau.

(1) Consulter, pour de plus amples renseignements, une notice sur le docteur Ozanam, dans la *Revue du Lyonnais*, t. VII, p. 467-477, 1re série.

Frédéric fit ses études au collège de Lyon, et se distingua par son ardeur à l'étude comme par de précoces et remarquables succès. Au sortir du collège, il mit quelques essais dans un recueil mensuel destiné à la jeunesse, et qui se publiait à Lyon, sous le titre d'*Abeille*. En 1831, les saint-simoniens étant venus ici exercer leur bruyant et ridicule apostolat, Ozanam fit paraître ses *Réflexions sur la doctrine de Saint-Simon ;* c'est le premier écrit que nous connaissions de lui. La *Biographie universelle* s'est méprise en attribuant cet opuscule au père de Frédéric. Il travaillait dès lors beaucoup et se plongeait avec passion dans l'étude des langues anciennes et des langues modernes. Mais il fallait songer à se faire une position. Ozanam alla à Paris, et on le vit tout jeune conquérir avec une rare distinction le grade de docteur en droit. Dans une ville de tumulte, de distractions perpétuelles et de folles joies, l'étudiant lyonnais se montra toujours aussi sage que laborieux et consacra ses loisirs aux lettres et à la religion. Ozanam fut dès lors ce qu'il n'a pas cessé d'être, zélé et industrieux pour le catholicisme. Voici ce qu'on a raconté de lui à ce sujet :

« Un jour, le professeur Jouffroy, psychologue éminent, qui croyait alors que l'analyse philosophique était bien supérieure à l'enseignement chrétien, et qui devait dix ans plus tard dire en mourant : *Tous les systèmes ne valent pas une page du catéchisme*, Jouffroy, dis-je, se permit dans son cours une critique formelle de la foi chrétienne et de son culte. Ozanam était dans l'auditoire ; il crut ne pas devoir laisser passer une pareille attaque sans protestation. Rentré chez lui, il rédige une lettre à l'adresse du professeur. Mais une réclamation individuelle lui semblait bien impuissante ; il fallait recueillir quelques adhésions et présenter la lettre *au nom des étudiants catholiques*. Il courut tout Paris et parvint à se faire donner *cinq signatures*. La lettre fut envoyée ainsi, et les signataires en attendaient peu d'effet. Mais Jouffroy, dont l'âme était noble et avait été croyante, était fait pour comprendre ce que méritent d'égards six jeunes gens fidèles à leur religion. Dans la leçon suivante, il rétracta ses paroles, et rendit l'hommage le plus complet aux jeunes hommes qui se font honneur de professer et de pratiquer le catholicisme.

« C'est à Ozanam lui-même que j'ai entendu raconter cette anecdote, et il en tirait la conclusion suivante, qu'il adressait aux étudiants catholiques de 1846 : « Voilà ce que nous avons pu obtenir quand nous étions « six et que nous ne nous connaissions pas ; aujourd'hui vous êtes plu- « sieurs centaines et vous vous connaissez. » Ces paroles étaient dites à l'époque des troubles excités au cours de M. Lenormant par une petite cabale anti-religieuse. L'auditoire de M. Lenormant était en majorité composé de catholiques et d'hommes sérieux ; la moindre entente pour faire respecter les droits de l'auditoire en même temps que ceux du professeur eût suffi pour faire justice des perturbateurs. C'était l'opinion d'Ozanam, qui se connaissait en auditoires de cours publics. Il rédigea même, sur ma demande, un projet de protestation dont je m'emparai, que je fis transcrire et présenter à un grand nombre d'auditeurs de M. Lenormant. Cette protestation allait être publiée, quand un arrêté ministériel donnant raison, quoique à regret, aux perturbateurs, suspendit le cours de M. Lenormant (1). »

Ce fut pendant son cours de droit que Frédéric Ozanam fonda, en compagnie de sept autres étudiants, cette société de SaintVincent de Paul qui a pris depuis une si grande extension en France et dans les pays étrangers. Quelques mois avant sa mort, Ozanam rappelait à Florence, dans une conférence nouvellement établie, les humbles commencements de cette vaste association. Nous le laisserons parler lui-même :

« J'ai besoin de vous dire que ce n'est point par mon mérite personnel que je suis devenu vice-président du conseil général de Paris, mais uniquement à cause de mon ancienneté. Vous voyez, en effet, devant vous, un des huit étudiants qui, il y a vingt ans, en mai 1833, se réunirent pour la première fois, sous la protection de saint Vincent de Paul, dans la capitale de la France.

« Nous étions alors envahis par un déluge de doctrines philosophiques et hétérodoxes qui s'agitaient autour de nous, et nous éprouvions le désir et le besoin de fortifier notre foi au milieu des assauts que lui livraient les systèmes divers de la fausse science. Quelques uns

(1) Clément Gourju, *Un Souvenir sur le tombeau d'Ozanam*, Gazette de Lyon, 24 septembre 1853.

de nos jeunes compagnons d'études étaient matérialistes, quelques uns saint-simoniens, d'autres fouriéristes, d'autres encore déistes. Lorsque nous, catholiques, nous nous efforcions de rappeler à ces frères égarés les merveilles du christianisme, ils nous disaient tous : « Vous avez « raison, si vous parlez du passé ; le christianisme a fait autrefois des « prodiges, mais aujourd'hui le christianisme est mort. Et, en effet, « vous qui vous vantez d'être catholiques, que faites-vous ? où sont les « œuvres qui démontrent votre foi et qui peuvent nous la faire respecter « et admettre ? »

« Ils avaient raison ; ce reproche n'était que trop mérité. Ce fut alors que nous nous dîmes : « Eh bien ! à l'œuvre ! et que nos actes soient « d'accord avec notre foi ! Mais que faire ? que faire pour être vraiment « catholiques, sinon ce qui plaît le plus à Dieu ? Secourons donc notre « prochain comme le faisait Jésus-Christ, et mettons notre foi sous la « protection de la charité. »

« Nous nous réunîmes tous les huit dans cette pensée, et d'abord même, comme jaloux de notre trésor, nous ne voulions pas ouvrir à d'autres les portes de notre réunion. Mais Dieu en avait décidé autrement. L'association peu nombreuse d'amis intimes que nous avions rêvée devenait, dans ses desseins, le noyau d'une immense famille de frères qui devait se répandre sur une grande partie de l'Europe. Vous voyez que nous ne pouvons pas nous donner véritablement le titre de fondateurs : c'est Dieu qui a voulu et qui a fondé notre société. »

Après avoir aidé à créer cette espèce de sainte ligue, dans laquelle on se fortifie et se soutient réciproquement par l'exemple, en portant à la famille du pauvre des consolations et des secours, à ses enfants de sages conseils et un appui, Ozanam revint à Lyon, parut quelque temps au barreau, et occupa avec succès une chaire de droit commercial fondée par la ville (1839) ; mais la nature passionnée et chercheuse de son esprit l'appelait vers une sphère plus élevée, où son intelligence pût surtout s'appliquer à la recherche et à la propagation des vérités chrétiennes.

Dans l'intervalle de ses études de droit, Ozanam donna en plusieurs fois à la *Revue européenne*, estimable recueil mensuel qui a été trop peu connu, ses *Deux Chanceliers d'Angleterre*, Bacon de Vérulam et saint Thomas de Cantorbéry. Ces fragments furent réunis et publiés en 1836 avec une courte préface signée des initiales de M. Edmond de Cazalès, ancien rédacteur en chef de la *Revue* dont il a été parlé. Le travail historique du jeune et brillant écrivain présentait, à la manière de Plutarque, la biographie de deux hommes qui avaient été dans des situations à peu près semblables, et dont l'un, c'était le philosophe, se montra aussi abject de cœur, aussi bassement cupide, aussi honteusement servile qu'il était grand et élevé d'intelligence, tandis que l'autre, l'évêque catholique, avait su tenir bon devant le pouvoir royal et donner sa vie pour les droits sacrés de l'Église. L'idée de cette double étude était neuve, ingénieuse et singulièrement féconde, comme l'observait M. de Cazalès.

Notre jeune docteur en droit retourna à Paris pour y prendre le grade de docteur ès-lettres. Sa thèse, qui a été le germe d'un beau livre, traitait de la philosophie catholique de Dante. Ce sujet difficile nécessitait une érudition qui n'est pas d'ordinaire dans le bagage scientifique d'un jeune homme de vingt-deux ans ; mais le candidat s'y montra à la hauteur de son sujet par l'éclat du style de sa thèse, comme par la vive discussion dont elle devint l'objet. Ozanam prouvait avant tout que le moyen âge fut en possession d'une philosophie. Les doctrines de Dante, exposées dans la radieuse vision du poète, n'étaient autres que celles de saint Thomas d'Aquin et de saint Bonaventure. Le jeune écrivain avait relevé la partie scientifique de son sujet par un style déjà remarquable, et, en croyant n'étudier que le poème de Dante, on se trouvait tout à coup initié à la philosophie catholique du treizième siècle.

Ce livre parut en 1839 ; il eut les honneurs de la traduction en allemand, et l'Italie le fit passer deux fois dans l'idiome du poète dont il approfondissait les doctrines.

Le volume de *Dante et la Philosophie catholique au* XIIIe *siècle* ne tarda pas à être réimprimé en France. L'auteur y ajouta comme appendice, en 1845, des *Études sur les sources poétiques de la Divine Comédie*. Mais ces recherches mêmes lui inspiraient un certain scrupule, et il écrivait alors à Lyon :

« Quant aux descentes aux enfers, dans la Bible, j'avoue que je me suis borné à citer le ravissement de saint Paul et la vision de saint Jean en peu de mots, de crainte de rapprocher trop le profane et le sacré, ce qui est affaire de littérature et ce qui est matière de foi. Vous trouverez peut-être un peu de timidité dans mon fait. Cependant de bons esprits ont paru craindre que mon travail ne donnât occasion de confondre les traditions respectables de la vie des saints avec les fables mythologiques. Pour moi, rien ne m'affligerait plus que de scandaliser qui que ce fût. Si j'attache quelque prix à mon livre, c'est surtout en tant qu'il peut servir à rétablir l'orthodoxie de Dante et à revendiquer la gloire encore méconnue des grands siècles catholiques. Tout mon orgueil, si Dieu me prêtait vie, force et lumière, serait de militer sous le drapeau de cette cause... »

Et, comme on lui avait parlé d'un livre qui pourrait servir de pendant à son premier volume, Ozanam ajoutait :

« Vous indiquez, en peu de lignes, le sujet d'un travail bien instructif : ce serait *la Divine Comédie après Dante*, ce serait la peinture de l'enfer chez les écrivains chrétiens qui l'ont suivi, jusqu'à sainte Thérèse, jusqu'à l'admirable épisode du *Télémaque*. On pourrait faire aussi une belle histoire de l'influence de Dante sur les poètes venus après lui. A la suite de Fazio degli Uberti viendrait Pétrarque pour ses *Triomphes*, puis l'évêque Frezzi avec sa grande composition du *Quadriregio*. On verrait, dans les discours du Tasse sur le poème héroïque, les obligations qu'il avait à son glorieux prédécesseur. Dans ce récit d'Olinde et de Sophronie, je reconnais un souvenir de Dante et de Béatrice. L'inspiration platonique a rempli toute la poésie italienne. »

Il est permis de regretter qu'Ozanam ne se soit pas engagé dans cette route où on l'invitait, et dont il entrevoyait si bien les grandes perspectives avec les principaux jalons.

M. Cousin offrit en 1839 une chaire de philosophie au nouveau docteur ès-lettres, qui ne put accepter cette place parce qu'il s'était engagé à Lyon pour la chaire de droit commercial. Ministre de l'instruction publique en 1840, le même M. Cousin ayant créé le concours d'agrégation pour les facultés des letres, Ozanam y prit part et fut agrégé. L'épreuve de la leçon surtout lui valut les applaudissements des juges du concours et des auditeurs. On entendit M. Cousin l'interrompre et s'écrier avec admiration : « Ah! monsieur Ozanam, est-il permis d'être si éloquent(1)! »

La chaire de littérature étrangère, laissée vacante par la maladie de M. Fauriel, fut destinée à Ozanam. Il débuta au mois de janvier 1841 par un cours sur l'Allemagne au moyen âge, et professa comme suppléant jusqu'en 1845, où il succéda au savant historien de la Gaule méridionale, quand celui-ci vint à mourir. Ozanam eut pour auditeurs M. Cousin lui-même et divers membres de l'Institut et de la Sorbonne. Ému jusqu'aux larmes, il fut admirable d'éloquence. Cette première leçon et les suivantes, où l'auteur traçait habilement l'ébauche d'une histoire littéraire de l'Allemagne, furent saluées plusieurs fois par les applaudissements des auditeurs. On se pressait autour de la chaire du professeur pour entendre cette parole jeune et chaleureuse, qui traitait des merveilles du moyen âge avec tant de foi et de poésie.

Alors commença pour Ozanam une vie d'abnégation et d'étude. Il se consacra à cette mission du haut enseignement comme à un véritable apostolat. Son cours était une réhabilitation du moyen âge chrétien. Nous ne pouvons que rappeler ces laborieuses années d'un enseignement fécond et varié, où le jeune professeur parcourut à peu près toutes les grandes phases des littératures étrangères, sans négliger des travaux historiques qu'il publia en partie dans un recueil mensuel, le *Correspondant*, qu'il avait relevé, qu'il soutint quelque temps comme son œuvre, et auquel il n'a cessé de faire de précieuses communications. C'était là qu'il essayait, en quelque sorte, ses divers ouvrages.

(1) Gourju, *loc. cit.*

En 1845, et comme diversion à des labeurs plus sérieux, Ozanam publia les *Lettres pour servir à l'éducation d'une jeune personne*, par mistress Chapone, traduites de l'anglais et précédées d'une introduction de sa main.

En 1847, Ozanam fit paraître le volume des *Germains avant le Christianisme;* en 1849, celui de *la Civilisation chrétienne chez les Francs*. Ces deux volumes, que l'auteur désigna ensuite sous le nom d'*Études germaniques pour servir à l'histoire de France*, valurent à l'auteur le grand prix Gobert, qui est de 10,000 francs.

Ce fut ce dernier volume qui détermina l'Académie à le couronner. Voici comment on expose le dessein de l'auteur sur la couverture des ouvrages suivants ; nous soupçonnons que ces lignes sont de sa main, et il les pouvait écrire en tout bien tout honneur, puisqu'elles ne renferment pas un mot de louange :

« Quoique les chroniques arides et les codes incomplets des Barbares ne commencent qu'après le siècle des invasions, l'Allemagne savante a entrepris de pénétrer dans les traditions germaniques avant le temps où elles s'altèrent par le désordre de la conquête, de rétablir l'histoire des peuples du Nord à une époque qui n'eut pas d'historiens, et de les suivre assez loin pour savoir enfin d'où ils vinrent et par quels liens ils tiennent au reste de la race humaine. Ce sont ces études si graves, ces collections de documents et de matériaux que M. Ozanam met en œuvre dans le premier volume.

« Dans le second, on voit le christianisme achever l'œuvre qui avait désespéré la politique des Césars. A mesure que l'ancienne Rome perd du terrain et des batailles, une autre Rome toute spirituelle, sans autre puissance que la pensée et la parole, recommence la conquête, pénètre au cœur de la Germanie. La foi s'empare du peuple franc. Dès ce moment, les invasions ont trouvé leur barrière, et l'empire romain ses successeurs. L'auteur s'attache à ce peuple ;

et, en étudiant chez lui la civilisation chrétienne, il en considère les effets dans l'Église, dans l'État et dans les lettres. »

Le tableau de *la Civilisation chrétienne chez les Francs*, œuvre si habile, du reste, et si savante, renferme bien quelques inexactitudes, mais elles sont plutôt le fait de l'influence extérieure que du défaut d'étude et de réflexion. C'est ainsi, par exemple, que, sur les traces d'un triste guide en ces points délicats, M. Augustin Thierry, il est arrivé à Ozanam de présenter comme des guerres de religion les guerres des Francs contre les Goths. Un docte prêtre, M. l'abbé Gorini, curé de Saint-Denis près Bourg, vient de montrer la fausseté d'un tel point de vue dans sa *Défense de l'Église* contre les erreurs de nos principaux écrivains modernes.

En 1846, Ozanam, dont la santé se trouvait déjà considérablement altérée, se rendit en Italie avec une mission de M. de Salvandy, ministre de l'instruction publique. Il visita Rome. Pie IX venait de monter sur le trône pontifical et procédait à ce travail de régénération qui fut compromis par la révolution italienne. Le jeune écrivain avait applaudi comme catholique à cette initiative généreuse, qui allait faire disparaître le vieux préjugé suivant lequel l'Église était hostile au progrès et à la liberté. Il vit le souverain pontife et put admirer ce grand et noble caractère que la révolution a si indignement calomnié. A son retour d'Italie, il écrivait à un de nos amis communs, M. Augustin Jouve, une lettre dont celui-ci a donné un fragment.

« Courage ! disait-il, jamais la société n'a eu plus besoin de jeunes talents consacrés, fortifiés par de saintes croyances. J'ai passé trois mois à Rome ; j'y ai vu de près ce grand pape que nous n'aimons pas assez, que nous n'admirons pas assez, dont nous n'étions pas dignes. Je le crois venu pour mettre la main à de grandes choses, à la réconciliation de l'autorité et de la liberté, dont la lutte fait, depuis trois cents ans, le malaise du genre humain ; c'est la même lutte qui se perpétue, d'un autre côté, entre la science et la foi. En rentrant en France et en comptant ceux qui pourraient prêter leur concours à l'œuvre du pontife, j'ai été profondément affligé de leur petit nombre. Sans doute Dieu n'a pas besoin de nous, mais il serait glorieux, il serait méritoire de coopérer à l'accomplissement de ses desseins. »

Trois mois après éclatait la révolution de Février. Ozanam vit, avec le nouveau gouvernement, s'ouvrir une époque favorable au développement de la liberté publique et de la liberté religieuse. Le 15 avril 1848, pour répondre aux vœux d'un certain nombre de personnes qui l'avaient inscrit parmi les candidats qu'elles se proposaient de porter à l'Assemblée nationale, Ozanam adressa aux électeurs du département du Rhône une profession de foi qui se ressent de l'époque et des espérances trop vives, des illusions auxquelles bien d'autres que lui se laissèrent si facilement aller. Il y avait dans cette pièce des théories qui n'auraient rien de dangereux avec des âmes chrétiennes comme celle d'Ozanam, mais qui mènent loin des esprits frivoles et incrédules.

Ozanam prit part à la rédaction du journal *l'Ère nouvelle*, fondé par le P. Lacordaire, et y publia des articles d'un sérieux intérêt, notamment un travail sur le divorce qui parut au moment où des pétitions insensées redemandaient l'anarchie dans la famille et dans la société.

Pendant sa mission scientifique dont nous avons parlé, Ozanam recueillit les matériaux d'un livre qu'il publia en 1850, les *Documents inédits pour servir à l'histoire littéraire d'Italie depuis le* VIIIe *siècle jusqu'au* XIIIe. Ce volume présente de véritables richesses et beaucoup d'aperçus nouveaux, beaucoup de pièces tout à fait inconnues. On doit à cette même mission un autre livre qui parut en 1852, *les Poètes franciscains en Italie au* XIIIe *siècle*. Déjà, dans la *Revue européenne*, l'Allemand Gœres avait écrit un curieux chapitre sur *Saint François troubadour ;* ailleurs, on avait dit quelques mots de Jacopone da Todi, l'auteur si peu connu du *Stabat Mater dolorosa ;* mais l'on n'avait pas songé à présenter une histoire suivie de ces hommes admirables qui cachèrent un cœur de poète sous le capuchon de François d'Assise. C'est un sujet qui allait très-bien à l'esprit investigateur d'Ozanam, à sa pensée de réhabilitation chrétienne partout où il y avait lieu, et ce volume est curieux, il mettra les lettrés sur la voie de plus d'un travail de ce genre. Ozanam, si bien renseigné d'habitude, ignorait que Jacopone da Todi eût fait la contrepartie du *Stabat,* et il donne comme inédit le *Stabat Mater speciosa,* que Gence avait publié en 1810, et que nous-même avions donné d'après Gence, en 1837, dans notre *Livre de Marie.*

Comment résister à de si longs, à de si pénibles travaux ? Il aurait fallu renoncer à toute étude sérieuse, mais cette âme ardente et passionnée pour la vérité ne pouvait se priver de cet aliment intellectuel de la science. Cette dévorante activité l'usa en quelques années.

Ozanam alla une dernière fois, au mois d'août de l'année passée, demander la santé au ciel trompeur de l'Italie. Cette année toutefois ne s'écoula point pour lui dans un stérile repos ; le religieux voyageur fonda plusieurs conférences de Saint-Vincent de Paul, et prit la parole au milieu de ces réunions pour les diriger et leur imprimer le véritable esprit de l'association.

Le séjour de Pise ne lui rendit pas la santé. Une maladie aux reins, qui avait fini par paralyser son organisation tout entière, fit de rapides progrès, et ne laissa plus d'espoir sur le rétablissement de sa santé. Ozanam voulut mourir dans sa patrie, et, comme Audin avant lui, il rentra sans pouvoir aller jusqu'au bout.

Il s'arrêta à Marseille, où il devait trouver les parents de Mme Ozanam. Celle-ci ne l'a pas quitté un seul instant, non plus que ses deux frères, M. l'abbé Ozanam et le docteur Charles, qui l'ont entouré des soins les plus tendres et les plus affectueux. Le surlendemain de son arrivée, il reçut le saint viatique avec une parfaite résignation, édifia toutes les personnes présentes à cette touchante cérémonie, et mourut trois jours après, le 8 septembre, dans les bras des siens, en chrétien ferme et plein de foi.

Heureux ceux qui meurent ainsi, jeunes et pleurés, ayant en peu d'années noblement rempli une belle tâche ! Assez peu importent quelques volumes de plus ou de moins ; le vain bruit qui se fait autour d'une publication littéraire ne vaut pas, à l'heure suprême, la douceur d'une bonne action et le souvenir des devoirs sérieusement remplis.

Nous en sommes convaincu, c'est à de telles louanges que l'âme de notre savant et regrettable Frédéric, si elle nous entend de son lieu de repos, se trouve le plus sensible.

Toutefois, le haut enseignement et les lettres ont fait une perte considérable, qui a été vivement sentie, car de tous côtés il est venu des éloges sur cette tombe trop tôt fermée ; mais où le docte défunt laisse le plus grand vide, c'est dans les rangs de ceux qui consacrent leurs efforts à réédifier la science chrétienne. Ozanam exerçait à Paris, dans sa chaire de la Sorbonne, une sorte d'apostolat religieux sur les jeunes gens qui suivaient son cours. Il a rendu, par ses ouvrages, d'incontestables services à la défense de la vérité chrétienne. Un grand avenir littéraire était réservé à ce professeur enlevé dans sa quarantième année, et il n'aurait pas tardé à voir les portes de l'Académie des Inscriptions s'ouvrir devant lui.

Mais ce qui valait mieux encore, chez notre savant compatriote, que cette érudition variée qui se prenait à tant d'objets ensemble, qui éclatait dans sa conversation comme dans ses écrits, c'était la foi religieuse et la pratique assidue, sincère, modeste, des devoirs qu'impose le catholicisme ; jamais il n'a varié sur ce point, et il en trouve aujourd'hui la récompense devant Dieu.

Ceux qui l'ont connu savent tout ce qu'il y avait de richesse dans cette active intelligence et d'élévation dans ce noble cœur. L'expression de ses volontés dernières présente des traits dedélicatesse qui le feraient mieux apprécier encore, si besoin était.

La perte de Frédéric Ozanam sera vivement sentie par la société de Saint-Vincent de Paul, dont il était un des soutiens les plus zélés. Il s'en occupait constamment et la regardait comme destinée à ramener le peuple au christianisme. Dans ses conversations et dans ses lettres, il en parlait fréquemment. Un jeune professeur (1), qui a écrit sur ce cher défunt une notice à laquelle nous avons fait ici plusieurs emprunts textuels, termine son travail en citant quelques lignes d'une lettre où Ozanam l'entretenait de cette admirable association :

« Je sais, disait-il, que la conférence de Saint-Vincent de Paul d'Aix continue à prospérer. Attachons-nous à la charité ; c'est le moyen le plus sûr de servir la bonne cause au milieu des controverses et des animosités qui divisent les hommes. C'est aussi le moyen de sanctifier notre vie et de la consoler en même temps, car la vue des misères d'autrui est bien faite pour nous rendre nos chagrins plus supportables. »

Les membres de cette société, qu'il avait fondée, lui ont donné à Marseille même des preuves de cette noble amitié qui unit les chrétiens, et quelques jours après sa mort, le 12 septembre, ils étaient réunis dans l'église de Saint-Charles, faisant célébrer un service funèbre pour demander à Dieu le repos éternel de cette belle âme qui a tant travaillé à la gloire de la religion et des lettres chrétiennes.

Voici quelques lignes du testament de Ozanam :

« Au nom du Père, du Fils et du Saint-Esprit.
« Ainsi soit-il.
« Aujourd'hui vingt-trois avril mil huit cent cinquante-trois, au moment où j'accomplis ma quarantième année, dans les inquiétudes d'une maladie grave, souffrant de corps, mais sain d'esprit, j'ai écrit en peu

(1) M. Augustin Jouve, dans la *Gazette du Midi*.

de mots mes dernières volontés, me proposant de les exprimer plus complètement quand j'aurai plus de force.

« Je remets mon âme à Jésus-Christ mon Sauveur ; effrayé de mes péchés, mais confiant dans l'infinie miséricorde, je meurs au sein de l'Église catholique, apostolique et romaine. J'ai connu les doutes du siècle présent, mais toute ma vie m'a convaincu qu'il n'y a de repos pour l'esprit et le cœur que dans la foi de l'Église et sous son autorité. Si j'attache quelque prix à mes longues études, c'est qu'elles me donnent droit de supplier tous ceux que j'aime de rester fidèles à une religion où j'ai trouvé la lumière et la paix.

« Ma prière suprême à ma famille, à ma femme, à mon enfant, à mes frères et beaux-rères, à tous ceux qui naîtront d'eux, c'est de persévérer dans la foi, malgré les humiliations, les scandales, les désertions dont ils seront témoins... »

Parmi les legs pieux se trouve celui-ci :

« Je lègue deux cents francs aux pauvres de la conférence de Saint-Vincent de Paul de la paroisse Saint-Germain-des-Prés, cent francs au conseil général de la société. Mes confrères savent que je voudrais faire plus.

. . . .

« Je remercie encore une fois ici tous ceux qui m'ont rendu service. Je demande pardon de mes vivacités et de mes mauvais exemples. Je sollicite les prières de tous les miens, DE LA SOCIÉTÉ DE SAINT-VINCENT DE PAUL, de mes amis de Lyon.

« Ne vous laissez pas ralentir par ceux qui vous diront : *Il est au ciel.* Priez toujours pour celui qui vous aime beaucoup, mais qui a beaucoup péché. Aidé de vos supplications, chers bons amis, je quitterai la terre avec moins de crainte. J'espère fermement que nous ne nous séparerons point et que je reste avec vous jusqu'à ce que vous veniez à moi.

« Que sur vous tous soit la bénédiction du Père, du Fils et du Saint-Esprit. Ainsi soit-il.

« Pise, le 23 avril 1853.   *Signé* A.-F. OZANAM. »